Couvertures supérieure et inférieure
manquantes

L'AUVERGNE

A LA

HUITIÈME RÉUNION GÉNÉRALE

DU

CLUB ALPIN FRANÇAIS

A SIXT ET A CHAMOUNIX.

Par le D' CHIBRET

CLERMONT-FERRAND

TYPOGRAPHIE ET LITHOGRAPHIE G. MONT-LOUIS
Rue Barbançon, 1 et 3.

1883

L'AUVERGNE

À LA

HUITIÈME RÉUNION GÉNÉRALE

DU

CLUB ALPIN FRANÇAIS

A SIXT ET CHAMOUNIX

(11-17 août 1883).

Messieurs et chers Collègues,

Admirateur jusqu'ici, sans réserve, du Club Alpin, je suis obligé aujourd'hui de confesser que cette institution, comme toutes les choses humaines, a son revers de médaille.

On s'inscrit au Club sans penser à mal, s'imaginant qu'il suffit de payer des jambes : vous reconnaîtrez avec moi que l'alpinisme a des exigences d'une autre nature, car j'ai dû régler avec la plume le bilan de nos courses à travers les Alpes.

J'ai d'autant plus besoin de toute votre indulgence que, le bâton d'une main, le guide Bœdecker de l'autre, nous avons marché sans trêve ni merci ; si bien que le carnet de notes a dû être relégué au fond du sac. S'il en sortait quelquefois c'était pour servir à la comptabilité, le défaut de loisirs obligeant à confier à la mémoire les impressions du voyage.

J'espère que cette circonstance, particulièrement méritoire pour des alpinistes, vous rendra moins sévères pour le narrateur et lui servira d'excuse auprès de ceux qui lui ont déjà reproché de n'avoir raconté *in extenso* que la première partie de la course.

Au seuil d'un voyage une première question se pose : Qu'est-ce que voyager ? Voyager c'est quitter tous les liens doux ou rudes qui entourent le foyer ; c'est reprendre sa liberté et en user à sa façon ; c'est aller et venir sans autre souci que la satisfaction de sa curiosité.

L'argent n'est point une question quand l'on part pour quinze jours avec une bourse garnie de vingt-cinq louis. Le temps, il faut toujours le compter si l'on veut bien l'employer et ne pas faire dégénérer le plaisir en satiété.

Le plus heureux voyageur, c'est celui qui part avec le moins d'entraves. Pas de soucis de colis, d'enregistrement et de recherche de bagages ; pas de malles à fouiller et à refaire, un sac sur le dos avec l'indispensable, telle est la plus primitive, la plus salutaire et encore la meilleure manière de voyager.

Le voyageur qui veut partir sans laisser derrière soi des soucis ne laisse aucune adresse ; il informe par dépêche tous les deux ou trois jours de l'endroit où il arrive. Un télégramme peut ainsi lui répondre et l'informer en cas seulement d'évènement grave.

Une dernière condition pour partir gaiement en voyage, c'est d'être un travailleur de la pensée. Le voyage est doublé de vacances et possède une attraction physique qu'il ne saurait avoir pour l'homme non sédentaire. Toutefois le plaisir sera sans mélange d'appréhension si un entraînement judicieux a préparé le corps à résister aux fatigues inséparables d'un voyage pédestre.

C'est après avoir fortement médité sur ces considérations que le 9 août, à une heure de relevée, huit Arvernes clarimontanses s'engouffraient dans un compartiment à destination de Lyon.

PREMIÈRE JOURNÉE

(9 août).

DE CLERMONT-FERRAND A LYON.

Le beau sexe est largement représenté ; deux moitiés d'Alpinistes à place entière et une Alpiniste entière à demi-place.

Ce n'est pas petite affaire que de s'installer à huit dans un même compartiment quand chacun, comme Bias, traîne ses pénates ou les porte sur les épaules. Sacs et sacs de nuit finissent par se caser et un ban salue le départ.

Inutile de parler de la bonne humeur de la bande : on dirait d'un essaim de collégiens en rupture de classe.

A Thiers nous avons une mission délicate à remplir. Une de nos moitiés, non je me trompe, celle qui est entière, a été priée par un collègue de la section du Mont-Blanc de se charger de la conduite d'une demoiselle qui va également dans les Alpes.

Le compartiment était encombré, nous trouvons aisément deux places pour la jeune personne et pour un collègue son compatriote.

Entre alpinistes on se gêne sans se gêner. Le fait est que pressés comme harengs dans une caque, étouffant de chaleur, nul ne songe à se plaindre et chacun se félicite d'être de la fête. Simple influence du moral sur le physique.

Quand on est en belle humeur l'appétit vient à l'heure.

Un peu avant d'arriver à Saint-Etienne les estomacs deviennent inquiets, la conversation languit ; si n'était l'un de nous qui, pareil à un haut fourneau — comparaison locale — est infatigable, nous serions plongés dans le silence de la faim.

A défaut du dîner les yeux se portent mélancoliquement sur le paysage. La plaine se déroule entre les Cévennes au loin et les monts du Forez que nous longeons. Nous sommes dans une Limagne, celle de la Loire, moins riche et moins bien cultivée que la nôtre.

Enfin nous traversons un humble cours d'eau, c'est la Loire ; elle ferait triste figure à côté de l'Allier. Nous sommes à Saint-Etienne au milieu de la fumée ; des hautes cheminées et des fournaises de charbon et de coke.

Nous n'avons qu'un souci, celui de donner une légitime satisfaction aux réclamations réitérées de nos estomacs. L'un de nous fait main basse sur le buffet, assez mesquin du reste. Des victuailles nombreuses et substantielles sont transportées dans le compartiment ; quelques-uns prennent un potage. Après dix minutes d'arrêt nous repartons pour Lyon.

Les délicats préfèrent une salle à manger à un wagon, une table à leurs genoux, une nappe à un journal, la fourchette aux doigts. En voyage le luxe du service c'est l'appétit ; le reste n'est que bagatelle. Il ne me déplaît pas du reste de manger pour une fois avec mes doigts. J'apprécie d'autant mieux ensuite l'utilité des fourchettes. Les blasés sont ceux qui ne veulent jamais, même par hasard, retourner à l'état de nature.

Une rasade de bon vin termine le repas : très-bon le Chanturgue de Saint-Etienne. Après dîner, de nouveau nous sommes en joie ; influence du physique sur le moral ; on entonne des chœurs, des canons, que sais-je ? On fait des proverbes et enfin on arrive à Lyon.

Il est convenu que nous descendons à l'hôtel Perrache. Le gros de la bande laisse sur ses derrières deux membres pour régulariser la feuille de route et descend place Perrache.

— L'hôtel Perrache s'il vous plaît ?
— Connais pas.

Cette demande amenant uniformément la même réponse force nous est de conclure que l'hôtel Perrache n'a existé que dans notre imagination, ce qui est insuffisant pour passer la nuit à l'abri. L'hôtel de Bordeaux s'offre à nous :

— Dix lits.

— Nous n en avons que deux.

Même entre alpinistes cela ne peut suffire.

Fort heureusement l'Univers est grand et reçoit tout le monde. A dix heures chacun à gagné son lit.

DEUXIÈME JOURNÉE.

(10 août).

DE LYON A GENÈVE.

A cinq heures on se retrouve autour d'un excellent café au lait. La fièvre du départ a rendu le sommeil agité. Les yeux sont gros En route pour Genève.

Le chemin de fer côtoie la vallée du Rhône profondément creusée par les eaux au milieu de roches jurassiques peu résistantes. A Bellegarde il y a frontière et douane française, mais la Suisse laisse passer les gens sans inquiéter leurs poches ni leurs bagages.

Genève ! Enfin nous en avons fini avec le chemin de fer. Nous sommes accueillis par des membres délégués du Club Alpin genevois. Ces Messieurs s'offrent obligeamment pour nous indiquer un gîte. Nous les remercions et avant de nous quitter ils nous convient, pour le soir, à une réunion amicale au siège de la section génevoise.

Sac au dos nous marchons vers l'hôtel de Genève ; nous arrivons là en plein pays germain. Tout parle allemand, mais suffisamment français pour nous comprendre.

Après déjeuner, visite à Isoaring pour faire provision de bâtons de montagne. Chacun fait choix d'un outil solide et bien compris, et rien ne nous manque plus pour affronter les Alpes.

L'après-midi est employée à une promenade en voiture ; nous parcourons Genève et ses environs. Visite au plan en relief de la chaîne du Mont-Blanc qui nous donne un avant-goût des merveilles alpestres.

Excursion au confluent du Rhône et de l'Arve : l'Arve boueux et rapide au sortir des glaciers vient troubler le lit plus calme des eaux du Rhône clarifiées par un long parcours.

La promenade se termine par une visite à la maison Pateck et C°, l'une des premières fabriques de montres de Genève. Quelle merveilleuse installation ! C'est inouï de voir par combien de mains passe chaque pièce avant de former le tout destiné à garnir le gousset du moindre porteur de montre. Les chronomètres ou seulement les bonnes montres passent par un nombre de mains encore bien plus considérable. Chaque pièce a un fini qui donne au mécanisme sa précision.

Peu de personnes ont le bonheur de posséder une bonne montre, c'est-à-dire une montre variant de quelques minutes par année.

Notre obligeant cicérone, l'un des patrons, nous dit que la seule inspection d'une montre suffit à un œil exercé pour établir sa provenance et sa qualité ; et chacun de présenter la sienne ; sur nos six montres une seule vient de Genève, les autres plus communes, mais cependant assez bonnes, viennent des montagnes de la Suisse ou du Jura et de Besançon.

Il faut d'ailleurs mettre vingt-cinq louis pour devenir l'heureux possesseur d'une montre portant la marque Pateck et C°.

Savez-vous comment on règle la montre achevée avant

de la livrer au client ? On commence par la faire marcher à plat, puis inclinée dans tous les sens ; on termine en la mettant à l'étuve, puis dans une chambre entourée d'un manchon de glace fondante. C'est seulement alors que la montre marchant bien dans toutes ces conditions, le fabricant se décide à la livrer à l'acquéreur.

Chacun de nous mettait la main sur son porte-monnaie et déplorait l'exiguïté de son contenu en ajournant à plus tard l'emplette d'une montre réglant le soleil.

Après dîner nous allons au café. A Genève le café est doublé d'un concert sans devenir pour cela ce que nous appelons un café-concert. Un piano est installé sur la terrasse ; deux ou trois artistes guitaristes ou violonistes jouent avec une verve endiablée et attirent les consommateurs en même temps que les badauds forment cercle et se délectent sans bourse délier.

La cordiale réception de nos collègues genevois termine la soirée : on trinque au pale-ale en causant glaciers.

TROISIÈME JOURNÉE

(11 août).

DE GENÈVE A BONNEVILLE. — RÉUNION A BONNEVILLE. SAMOENS.

A 6 heures et demie en voiture pour Bonneville ! Les véhicules en Suisse sont à l'inverse de nos diligences : les voyageurs montent sur la voiture et les bagages restent dans l'intérieur, on peut ainsi éviter chaleur et poussière tout en admirant le paysage.

La route suit la vallée de l'Arve : elle passe rapidement en Savoie, car le canton de Genève ne comprend guère que la ville et sa banlieue. Pas de tracasseries à la frontière : les Savoisiens, aussi heureux que les Suisses, ne sont pas soumis à la douane. Partout on apprend quelque chose : l'accès d'un chalet est défendu par un cerbère qui est attaché d'une façon fort originale. Un fil de fer est tendu à trois mètres de hauteur environ ; un anneau métallique va et vient le long de ce fil ; à cet anneau est attachée la laisse du chien ; de la sorte le gardien peut aller et venir et défendre un large passage sans cesser d'être à l'attache.

A 9 heures on découvre Bonneville pittoresquement abritée au fond d'une vallée dominée par le Môle et le Brezon. Bonneville n'est pas grande, mais elle mérite son ancien nom de La Bonne Ville. Drapeaux, arcs de triomphes nous fêtent au passage. Non contents de ces démonstrations extérieures, nos hôtes de la section du Mont-Blanc ont tout prévu pour nous recevoir, héberger, véhiculer. Les sacs déposés à la mairie, on nous conduit au siège de la section du Mont-Blanc.

— Quelle section ?
— Auvergne.
— Votre nom ?
— X...
— Voici un livret en échange de 68 francs.

Que peut bien être ce petit carnet vert portant notre nom à la première page ? Et chacun de le parcourir. C'est tout bonnement une merveille de prévision et d'économie administrative. On voit que nous sommes dans le pays de l'horlogerie et de la précision ; tout est réglé minutieusement : logements, repas à Sixt, Samoëns, Chamounix ; recommandations, observations pour les guides ; renseignements : heures de départ, de repas, d'arrivée avec indication des lieux pour chacune des journées et chaque excursion. Ce n'est pas tout : en guise de table un carnet de chèques, avec souche, pour payer au fur et à mesure les dépenses faites en commun. Enfin carte de la région parcourue par la réunion des clubistes avec indication de l'itinéraire et des principales altitudes.

On pourrait croire que c'est tout. Non. Les membres de la section du Mont-Blanc, nos hôtes, portent un cordon distinctif rouge et blanc à leur chapeau. De nombreux commissaires avec rosette bleue pour les logements, blanche pour les transports, rouge pour les banquets, circulent partout et répondent avec empressement et compétence aux questions qui leur sont adressées.

L'heure de la réception est arrivée. A dix heures la fanfare de Bonneville, escortant la municipalité, fait entendre la marche des Allobroges. On se masse sur la place de Bonneville ; le maire nous souhaite la bienvenue ; M. Duriez, notre vice-président, lui répond d'une façon charmante.

On boit le vin d'honneur, puis trois groupes se forment pour aller déjeuner dans les trois hôtels de la ville.

Un incident vient égayer les appétits au moment où ils commencent à se satisfaire ; un monsieur étranger entre sans façon dans notre salle et veut absolument être servi en même temps que nous. Il apprend notre qualité et va sortir en s'excusant lorsqu'il reconnaît parmi nous une figure de connaissance. Il l'aborde avec effusion, parle haut de ses petites affaires, en un mot devient un fâcheux. Un alpiniste lyonnais intervient à propos pour nous débarrasser de ce personnage encombrant.

— Vous êtes un bien joyeux compagnon, monsieur, lui dit-il, nous sommes très-heureux de vous voir.

— Mais, monsieur, répond l'autre, je serais encore plus heureux de partager votre déjeuner.

— Désolés, nous sommes au complet et puis je vous suspecte fort de faire le tour des hôtels et de rechercher celui de nos groupes qui est favorisé par la présence du beau sexe adjointe à la meilleure cuisine.

Le monsieur comprend qu'on lui donne congé et il gagne la porte sans tambours ni trompettes.

Après déjeuner on pense au départ pour Samoëns. Une foule de véhicules pavoisés arrivent à la file. Les commissaires procèdent à l'embarquement, et à leur signal le convoi s'ébranle dans la direction de Sixt. La chaleur est accablante. La route suit la vallée de l'Arve ; elle la quitte en vue de Cluses pour entrer dans la vallée de la Giffre, affluent de l'Arve. Cluses semble posséder une caserne : de grands bâtiments se détachent du groupe des maisons. C'est l'école de l'horlogerie destinée à cultiver la graine qui doit fournir de bons horlogers à la France.

En quittant l'Arve nous mettons pied à terre pour gravir la côte de Châtillon, longue et rapide. Le soleil nous darde le dos de ses plus chauds rayons. Les attelages soufflent, suent, sont rendus ; beaucoup de marcheurs tirent la langue, mais tout le monde se retrouve au châlet-auberge de Châtillon, autour de rasades de vin frais du pays, panachées de bière et de limonade.

On remonte en voiture et la descente nous conduit à Taninges, bourg important situé sur la Giffre. Ici encore notre passage est attendu et fêté. La fanfare joue la marche des Allobroges ; la poudre accompagne la musique. Une longue table couverte de rafraîchissements s'allonge sous les tilleuls. Le maire nous souhaite la bienvenue ; M. Duriez sait trouver un mot aimable pour remercier sans banalité nos hôtes d'un instant.

Il faut se quitter, et la file des voitures continue à tracer des lacets dans la vallée.

Samoëns ! Nous y arrivons à six heures. Toujours chaude réception, affirmée par des détonations, arcs de triomphe, drapeaux, etc... Une fanfare seule manque à la fête ; il n'y en a pas à Samoëns.

Une partie de la caravane va reconnaître ses logements ; l'autre, après dîner, sera conduite à Sixt, où elle trouvera un gîte pour la nuit. Nous avons quitté le pays des hôtels ; nous sommes tout à fait à la campagne et devons coucher chez l'habitant. Les braves Savoyards nous accueillent de leur mieux.

A sept heures, dîner sous les grands arbres, faute de grande salle. On préférerait un salon de l'Hôtel Continental, car, le soleil couché, la fraîcheur envahit la vallée. Chacun se couvre qui avec son plaid, qui avec son pardessus. Nous en verrons probablement bien d'autres. Le dîner se prolonge peu ; les tables se vident avant le dessert ; on préfère le lit et les chaudes couvertures à des agapes un peu froides et humides.

QUATRIÈME JOURNÉE

(12 août).

LE FER-A-CHEVAL. — LE FOND DE LA COMBE.

L'aube me réveille ; elle est accompagnée par le son grave et mélancolique d'une grosse cloche qui sonne l'*Angelus*. Je quitte, non sans regret, le lit chaud et moelleux du curé de Samoëns pour aller réveiller mon voisin et lui proposer, avant le départ pour Sixt, une petite excursion dans les environs.

A travers la rosée nous gravissons un monticule qui domine Samoëns, et d'où l'on jouit d'une belle vue sur la vallée. De retour à Samoëns, nous remplissons un devoir à l'égard de nos chaussures : le cordonnier de l'endroit orne nos semelles d'une parure de clous à glace, dernière formalité à remplir avant de quitter définitivement routes et voitures.

A sept heures, départ à volonté pour Sixt, où se trouve le rendez-vous général. Les paresseux prennent les voitures, les autres franchissent à pied les six kilomètres qui séparent Sixt de Samoëns.

Notre arrivée à Sixt est, comme partout, fêtée chaleureusement. Ici, toutefois, les salves d'artillerie ont un caractère de haut comique : les boîtes à poudre ont été disposées méthodiquement sur le pont par un homme de l'art ; l'artiste, en costume d'artilleur préhistorique, parade majestueusement d'une boîte à l'autre, et, la mèche à la main, avec une raideur rendue plus militaire par les années, il préside aux détonations.

Sa bruyante mission accomplie, notre homme quitte ses pièces et vient gravement à nous avec la conscience évidente d'un grand devoir accompli. Il est fier, en outre, de nous faire admirer de plus près son antique uniforme d'artilleur sarde, dont la conservation à travers les âges témoigne d'une lutte acharnée et victorieuse contre les mites. Un ban salue le vieux grognard, qui s'enfle à faire éclater les boutonnières de sa tunique.

A neuf heures, tout le monde, Sixtis et Samoënses, se dirige vers le Fer-à-cheval, point terminus de la vallée de Sixt. Le Fer-à-cheval est un admirable fond de vallée couronné par le pic Tenneverges, sommet rocheux qui atteint 3,000 mètres. Le Fer-à-cheval est encadré de rochers à pic ; douze cascades en émaillent l'aridité et forment les cordes d'une lyre gigantesque. Le spectacle est grandiose.

C'est dans ce site sauvage que nos collègues de la Section du Mont-Blanc se sont surpassés. Sur un terrain nivelé à la mine et déboisé à la hache se dresse une vaste tente pavoisée ; de longues files de tables, coquettement servies ; le sol couvert de sciure de bois ; tout nous indique que là, comme et encore plus qu'ailleurs, l'intelligente prévoyance de nos hôtes a présidé aux apprêts d'un banquet digne de la magnifique vallée de Sixt. Chacun prend place. D'abondantes victuailles circulent et calment les appétits excités par la marche et l'air vif du matin. Au dessert, feu roulant d'abord de détonations, puis de toasts. Le canon ici se surpasse et produit un effet de roulement prolongé que l'on écoute avec un étonnement mêlé d'émotion ; les ondes sonores font le tour du Fer-à-cheval et, répercutées par les rochers, grondent majestueusement à l'imitation du tonnerre.

Le canon cède la parole à M. Réguis, président de la Section du Mont-Blanc, qui se lève pour parler au nom de nos hôtes. Avec un légitime orgueil il nous entretient des belles montagnes de la Savoie, et, la main étendue vers le Fer-à-cheval étincelant de cascades, il nous prend à témoin des splendeurs de la vallée de Sixt, trop peu connues, trop peu visitée par les touristes.

Le respectable et infatigable M. Freundler, du Club Alpin genevois, nous convie aux escalades alpestres, qui, grâce à Dieu, ont remplacé les escalades moins pacifiques d'autrefois.

M. Duriez, toujours émouvant, nous rappelle une coutume touchante des habitants du pays : A Sixt, comme à Samoëns, sur la grande place, nous avons admiré un majestueux tilleul, plusieurs fois séculaire, qui abrite les réunions du dimanche et semble présider aux fêtes de la vallée.

Quand un enfant de cette vallée abandonne son rude pays pour aller demander à de plus riches contrées le pain du travail, la veille du départ, les larmes dans les yeux, il s'approche religieusement de l'arbre vénérable, en détache un rameau, le cache dans sa poitrine, et il lui semble que, le lendemain, quand il tourne pour la dernière fois les yeux vers le clocher argenté du village, qu'il emporte sur son cœur un lambeau de la terre natale, un témoin des joies de son enfance, un gage assuré de retour.

M. Duriez nous convie à imiter nos hôtes d'un jour, à

cueillir la branche de tilleul et à la conserver comme un souvenir de l'hospitalité savoyarde, et un engagement de revenir à Sixt et à Samoëns.

Je renonce à énumérer les bans simples ou redoublés qui saluent les orateurs ; mes mains s'échauffent à leur souvenir. Le ban est la manifestation approbative et bruyante de toute réunion d'alpinistes. L'usage très-répété que l'on en fait a très-probablement pour résultat de provoquer des pieds vers les mains une révulsion salutaire à des marcheurs infatigables.

Cependant je ne puis quitter les toasts sans mentionner celui de M. Caron : il prend la parole au nom de sa femme, dont les exploits alpins ont été cités par un des précédents orateurs. Mme Caron cède à son mari le droit de répondre en son nom et au nom des membres féminins : « Nous autres dames, dit-il, nous remercions le Club Alpin français qui, rompant avec les vieilles traditions d'exclusivisme féminin, nous a admises à partager les exploits de nos maris. » Avec beaucoup d'esprit et force sel gaulois, Mme Caron, toujours par l'organe de son époux, fait valoir les avantages que doit retirer l'Association de la présence des dames. Si le Club les reçoit dans son sein, elles, à leur tour, offriront au Club le fruit de leurs entrailles. Elles seules rendent avec usure l'hospitalité qu'elles reçoivent, en donnant le jour à de petits alpinistes qui, devenus grands, auront à leur tour des femmes et des enfants alpinistes. Ces considérations, pleines de nouveauté et développées avec vigueur, permettent de prévoir que, dans quelques générations, l'alpinisme formera une formidable société englobant la presque totalité de la population de la France.

Après le banquet, avant le départ de la course officielle, un peu retardée par les conversations particulières, quelques impatients, sous la conduite d'un membre obligeant de la Section du Mont-Blanc, prennent le chemin des Châlets de Boret. Cette excursion permet d'ailleurs de traverser le Fond-de-la-Combe, but de la course officielle, et a l'avantage d'être plus longue et plus pittoresque. Nous partons une quinzaine, et nous sommes bientôt imités par un autre groupe de même nombre.

Après avoir suivi pendant une demi-heure la vallée, nous la quittons pour grimper des rochers presque à pic par un sentier assez vertigineux taillé à la mine. On marche à la file indienne. On n'entend guère que la respiration haletante des poitrines et le choc des bâtons frappant à chaque pas le rocher.

Tout à coup, une alerte : un jeune Parisien, plus accoutumé aux boulevards qu'aux précipices, se sent pris de vertige et dans l'impossibilité d'avancer ni de reculer. On l'aide à s'asseoir, à reprendre haleine et courage, et la file continue à se dérouler en guirlande le long des rochers.

Nous sommes à moitié chemin, lorsqu'une paysanne portant sur sa tête un énorme fardeau s'engage dans le sentier à notre suite ; à l'allure gaillarde et rapide qu'elle prend, il n'est pas douteux qu'elle rejoindra les traînards ; mais quel n'est pas notre étonnement, en arrivant, lorsque nous la voyons bravement traverser le groupe d'avant-garde. Il paraît que d'autres femmes montent et descendent par le même chemin avec un berceau et son poupon sur leur tête.

Les châlets de Borea sont les premiers que nous visitons : ils rappelleraient nos burons du Cantal, si n'était qu'ils sont en bois. Après une courte halte destinée à permettre aux altérés de se rafraîchir et aux traînards de rejoindre, nous descendons par un chemin plus long, mais moins vertigineux, qui contourne le Fond-de-la-Combe.

A six heures, l'avant-garde est de retour au point de départ, la tente du banquet. Nouvelle halte, nouveaux rafraîchissements. Le temps presse, la nuit approche, et le dîner nous attend pour sept heures à Sixt. Les meilleurs marcheurs prennent les devants, la file s'allonge, et à sept heures et demie on commence à arriver à Sixt dans un vieux couvent devenu hôtellerie. Le couvert est disposé dans l'ex-réfectoire, voûté et orné de sentences latines. On se cherche, on se compte, mais beaucoup manquent à l'appel. Des traînards arrivent de minute en minute, harassés, affamés.

Tout à coup un homme se jette dans la salle et vient à moi ; il demande le docteur. Il m'apprend que le grognard du matin, l'artilleur, vient d'être blessé. Je me précipite vers le pont et j'aperçois au milieu de la foule émue le vieux brave debout, le visage en sang, se débattant pour échapper aux bras qui le soutiennent. Le malheureux a fêté Bacchus, et sainte Barbe s'est cruellement vengée de cette infidélité : la bourre en bois d'une boîte, oubliée par mégarde, a labouré la tempe et le sourcil du pauvre blessé. Il prétend n'avoir aucun mal et veut retourner à ses pièces. Les premiers soins donnés, la foule dissipée par l'intervention énergique du curé, très-molle des gendarmes, on emporte le blessé, qui paiera cruellement ses libations.

Je rejoins la salle du dîner, et propose une quête pour venir en aide à ce malheureux, pauvre et chargé de famille. Je plaide les circonstances qui nous rendent pour ainsi dire cause occasionnelle autant qu'involontaire de l'accident : 500 francs sont recueillis en quelques instants. La Section de Lyon, dans un bel élan d'humanité, s'inscrit en outre pour 200 francs.

Le repas terminé, je cherche mes compagnons d'Auvergne. Nous nous comptons : l'un de nous manque à l'appel ; c'est celui qui partage avec moi l'hospitalité du curé de Samoëns. Je me hâte de rentrer, persuadé qu'il a pris les devants ; je cours à sa chambre : le lit est vide. Il est dix heures ; mon compagnon a dû être victime de quelque accident. Je sors pour aller informer nos collègues de la Section du Mont-Blanc de cette disparition. Enfin j'ai la satisfaction d'apprendre qu'un groupe d'une douzaine de personnes est arrivé à Sixt au moment où nous le quittions pour rentrer à Samoëns ; que ces retardataires, égarés durant la nuit, sont arrivés sains et saufs, mais éreintés et affamés.

Assez las, obligé de me lever le lendemain à trois heures du matin, je me couche, espérant que mon compagnon ne tardera pas à rejoindre son lit.

CINQUIÈME JOURNÉE

(13 août).

LE LAC DE GERS ET POINTE-PELOUZE.

A trois heures, je suis sur pied, et mon premier soin est de courir à la chambre de l'égaré de la veille : il dort dans son lit du sommeil de la fatigue. Je pousse un soupir de soulagement ; je réveille le dormeur : il m'apprend les circonstances de sa mésaventure. Des gens du pays leur ont indiqué un mauvais chemin, et la bande s'est égarée. On a eu beaucoup de mal, pas mal peur, mais tout le monde est rentré sans accident.

Je serre la main à notre collègue, désireux de faire la grasse matinée ; je termine mes apprêts de départ et sors à la recherche d'un guide à qui j'ai donné rendez-vous la veille pour quatre heures. Pas de guide, personne sur la place de Samoëns. Je vais déjeuner à l'hôtel, où je trouve nos collègues de la Section du Mont-Blanc. Pendant que nous réconfortons nos estomacs, les dormeurs se réveillent, la salle est envahie : je la quitte pour faire place aux arrivants et retourne à la recherche de mon guide. Grande animation cette fois sur la place : beaucoup de guides, mais pas le mien. On va partir. Je renonce à attendre un homme qui n'a pas la notion de l'heure exacte, et j'arrête un nouveau guide, que j'arme de mon sac en signe de prise de possession.

Avant le départ, il y a foule autour du grand tilleul, qui paraît ému en nous voyant emporter le rameau du retour. A cinq heures, la caravane quitte Samoëns en lui disant au revoir et se met en marche pour le lac de Gers, en même temps que nos collègues partent de Sixt. Les deux groupes doivent opérer leur jonction à la croix de Portes. Aujourd'hui nous faisons une véritable ascension. Partis de 700 mètres d'altitude à Sixt et Samoëns, nous devons atteindre Pointe-Pelouze à 2,475 mètres. C'est 1,800 mètres à grimper, environ deux fois la hauteur de Royat au puy de Dôme.

A dix heures, nous sommes réunis sur les bords du lac de Gers. Le lac pourrait s'appeler mare, tant ses dimensions sont modestes; des châlets sont construits sur ses bords. Lac à part, le site est pittoresque.

Un déjeuner frugal nous attend. Le creux de la main gauche reçoit aisément tous les mets, soigneusement enveloppés dans un fourreau de papier ; l'aisselle gauche recueille la ration de pain, la main droite une bouteille de vin. C'est plutôt une distribution de vivres qu'un déjeuner. On se groupe, et les Arvernes se retrouvent au cri de ralliement : « Sancy. » Le soleil nous darde ses rayons les plus cuisants; on lui tourne le dos, mais il y a danger de rôtir. Heureusement que les plaids viennent à notre secours et, soutenus par les bâtons, ils nous permettent de manger à l'ombre.

Les fatigues de la veille, l'heure matinale du lever, cinq heures de marche, 1,000 mètres à grimper, une chaleur accablante, voilà des considérations qui pèsent lourdement dans la balance des résolutions. Aussi, lorsqu'à onze heures le départ pour Pointe-Pelouse s'organise, quinze ou vingt fanatiques sont seuls à se présenter. En avant !

Soleil et digestion se liguent pour ralentir nos pas ; chacun répète à qui mieux : « Qui va sano va piano. » Après une grande heure de pénible ascension nous commençons à recueillir la récompense de nos efforts : une brise bienfaisante vient nous donner force et courage ; la marche s'accélère et nous nous trouvons bientôt sur un plateau mouvementé d'où émerge Pointe-Pelouze. Mon guide m'entraîne par un chemin qui me semble bien raide ; j'essaie de protester. Il marche sans m'écouter, force m'est de le suivre. Je touche pour la première fois la neige : en débutant maladroit je glisse et recule d'un demi-pas en arrière à chaque pas en avant. Je m'étudie à imiter le guide, je lui demande des conseils, bref je prends une leçon de marche sur les pentes de neige ou névés.

La caravane peu nombreuse s'est dispersée, les uns attaquant de front Pointe-Pelouze, les autres exécutant un mouvement tournant. Je reste seul avec mon guide et nous prenons quelques instants de repos avant de tenter la dernière escalade. Un Anglais nous rejoint péniblement et vient à moi. Il se plaint d'une grande fatigue et me demande quelque cordial ; je lui frappe un sorbet avec un filet de chartreuse mêlé à de la neige. Il me remercie avec effusion et je le quitte en lui conseillant le repos comme complément de la cure. Mon guide m'engage aussitôt dans des rochers à pic qui s'effritent sous les pieds et les mains ; pas l'ombre de sentier si ce n'est celui que crée le guide par un effort d'imagination. La peur me prend ; je pense à une dégringolade et à ses conséquences pour ma femme et mes enfants ; je suis furieux contre le guide ; je lui signifie que je ne suis pas venu pour me rompre les os, que mon existence a quelque valeur ; que sais-je ? je fais un plaidoyer *pro vitâ*. Mon homme ne s'émeut pas ; il ne daigne même pas me répondre ; toutefois, s'assujétissant solidement des genoux et des pieds, il déroule sa corde, se la passe autour du corps, fait une boucle et me dit : « Tenez ça, vous n'avez rien à craindre ; si vous tombez, vous m'entraînerez avec vous ; mais nous ne tomberons pas. » Ce langage ferme, cette assurance me réconfortent, j'ai presque honte d'avoir eu peur, pour un peu je lâcherais la boucle ; je m'aide des pieds, des mains, des genoux, de la corde et nous arrivons au sommet de Pointe-Pelouze.

On se demande souvent parmi les profanes à quoi sert l'alpinisme, quelle est cette étrange manie qui pousse un homme à affronter fatigues et périls sans la moindre obligation. Hé bien ! je répondrai en essayant de dépeindre ce que nous avons éprouvé à Pointe-Pelouze un autre Arverne et moi.

Brusquement, comme au théâtre, par le ciel le plus pur, le plus bleu, avec une netteté idéale, nous avons vu surgir le massif du Mont-Blanc : Rien ne peut rendre la majesté, la splendeur de cette apparition. Les fatigues étaient oubliées, les forces décuplées. C'est les larmes dans les yeux, que nous répétions : « Que c'est beau ! que c'est beau ! » et mon compagnon, digne mari d'une femme alpiniste, ajoutait : « Si ma pauvre femme était là. »

La chaîne du Mont-Blanc, telle que nous l'avons vue du sommet de Pointe-Pelouze est le plus beau spectacle que mes yeux aient jamais admiré. L'impression que j'ai ressentie a été si forte, si durable, que le Mont-Blanc s'est pour ainsi dire photographié dans mon cerveau.

Après une demi-heure de repos, à trois heures, nous quittons à regret le merveilleux panorama qui nous a enchantés. La petite troupe se divise en deux bandes ; l'une retourne coucher à Samoëns ou Sixt, l'autre, par une marche de cinq heures, va gîter aux Châlets des Fonds, pour faire le lendemain l'ascension du Buet.

Ce dernier groupe, dont je fais partie, s'engage dans une descente difficultueuse, où il devient manifeste que les guides vont un peu au hasard sans connaissance d'aucun chemin tracé ; nous arrivons dans une vallée profonde et étroite, ravinée par un torrent qui charrie des neiges fondues. Des rochers énormes, d'autres plus menus, encombrent la vallée et témoignent des dégâts occasionnés dans la montagne par la fonte des glaciers.

Un trait de mœurs britanniques : chemin faisant, je demande si l'on a des nouvelles de l'Anglais que j'ai secouru au pied de Pointe-Pelouze : « Vous êtes bien bon, me dit-on, d'avoir tant de sollicitude ; son fils était avec nous quand on lui a appris que son père avait été indisposé : il a répondu froidement : « All rigth », et est descendu sans se préoccuper autrement du sort de l'auteur de ses jours.

Autre réponse non moins typique : je demande à mon guide pourquoi il m'a fait escalader Pointe-Pelouze par un affreux chemin, alors qu'il y en avait un beaucoup plus accessible : « Je l'ai fait exprès, et maintenant vous en êtes très-satisfait. » Je suis obligé de convenir que mon homme a eu et a raison. Je dois même à la vérité de dire que ce guide m'a si bien donné le baptême du feu alpestre, que je n'ai plus même eu peur d'avoir peur durant le reste de notre voyage.

A six heures nous rencontrons des vaches qui paissent tranquillement sous les sapins. L'idée de déguster une tasse de lait vient volontiers à l'esprit du touriste altéré et affamé. Mon guide entre en pourparlers ; on essaie de traire une vache ; l'indocilité du sujet ne permet pas de mener à bien l'opération. Nous allons poursuivre notre route lorsqu'apparait une belle paysanne à la figure ouverte et intelligente, à la démarche de déesse : elle porte sur la tête un large panier encombré de menus objets : « Vous êtes embarrassés pour si peu, » dit-elle en excellent français et sans le moindre accent. Joignant le geste à la parole, elle fait signe au guide de l'aider à se débarrasser de son fardeau, appréhende une vache par les naseaux et invite l'un de nous à la traire. Le guide s'improvise vacher et s'acquitte à merveille de sa tâche. Pendant que l'on se désaltère la conversation continue avec la paysanne ; elle va à la montagne de Sales, son panier renferme des bibelots *(sic)*, car on a toujours besoin d'un tas de bibelots dans les montagnes.

Le lait a mauvaise réputation parmi les marcheurs ; aussi faut-il ne point en abuser. Nous reprenons le chemin des Châlets des Fonds où nous arrivons à sept heures. Nos collègues partis du lac de Gers sans passer par Pointe-Pelouze, nous ont devancés. Chaque arrivant est installé dans un châlet, présenté au propriétaire et accueilli avec une parfaite cordialité par ces braves gens. Le groupe arverne prend possession de son logement, très-primitif d'ailleurs. Le châlet se compose d'une cuisine qui est en même temps salle à manger, salon de réception et fumoir d'une sorte d'antichambre où se trouvent les objets d'exploitation : voilà pour le rez-de-chaussée. Quant au premier étage, il est en même temps grenier à fourrage et dortoir. On y monte par une échelle et l'on ne peut s'y tenir debout. C'est dans le foin que chacun se taillera une paire de draps pour la nuit.

Le logement reconnu, les sacs déposés, il aut penser au souper. La chair est l'avenant du coucher : un morceau de viande ou de salaison, un verre de vin, du pain à discrétion. Le repas est bientôt achevé. Je ne parle pas d'un certain brouet blanc qui se débite dans un châlet et qui, malgré sa candeur, rivaliserait comme goût avec le brouet noir lacédémonien.

A neuf heures, après un bout de causerie avec nos hôtes, nous gravissons les échelons de la chambre à coucher et chacun essaie d'allonger ses membres sans attenter à ceux du voisin. Le temps est à l'orage, la chaleur lourde sous cette soupente où nous sommes entassés : on étouffe. Après une heure d'un sommeil entrecoupé de cauchemars, je me réveille en nage et reconnais que la place n'est plus tenable.

La vieille hôtesse veille en bas en tisonnant le feu. Je lui demande l'heure : onze heures. Je fais un effort pour me lever ; mes pieds rencontrent le visage d'un collègue, mes mains la poitrine d'un Arverne. Le premier se retourne en grognant, le second se réveille en sursaut :

— Que diable faites-vous ?
— Je déguerpis.
— Moi aussi, je n'y tiens plus.

Nous nous levons, et à tâtons, avec mille précautions, nous atteignons sans écraser nos camarades de foin, la bienheureuse échelle qui permet de descendre de cet enfer. Enfin nous voilà dehors. De gros nuages orageux obscurcissent lune et étoiles ; il fait lourd, mais au moins on respire.

Je m'installe tant bien que mal un lit sur le gazon en m'enroulant dans mon plaid et en me couchant sur mon caoutchouc ; ma gourde en peau de bouc me fournit un oreiller étroit, mais moelleux. Au moment où je vais m'endormir mon compagnon me propose d'aller boire à une source que l'on entend murmurer non loin de là. Je ne puis résister à la tentation et nous voilà cherchant l'eau à tâtons. Je la trouve, je m'abreuve ; mon camarade, plus difficile, prétend qu'il faut remonter pour arriver à une eau potable. Nous nous séparons : je retourne au bivouac pendant qu'il va à la recherche d'une onde pure.

Un sommeil calme et réparateur vient remplacer les cauchemars abrutissants du chàlet. Ce repos malheureusement n'est pas de longue durée : à une heure des patrouilles armées de lanternes circulent pour donner le signal du réveil. Je me trouve malencontreusement sur le passage de l'une d'elles. Le porteur du falot s'embarrasse dans mes jambes, trébuche, me réveille et, si ce n'était la ration de vin de la veille, je serais pris pour un ivrogne.

Je cherche mon camarade de panse à la belle étoile. Disparu ! L'infortuné, à la recherche de l'onde pure, s'était égaré ; après avoir erré à l'aventure et renonçant à retrouver son campement, il a pris le parti d'élire domicile sur un tas de planches où il a passé le reste de la nuit. Le branle-bas du réveil et les lanternes lui ont seuls permis de s'orienter et de rejoindre notre châlet.

Le temps est toujours gros d'orage ; on se chausse sans enthousiasme ; d'aucuns se recouchent, d'autres vont prendre le café. A deux heures les nuages s'éclaircissent, on se met en marche.

Bien déterminé la veille à faire l'ascension du Buet, je me sens ébranlé par les menaces de pluie et peut-être d'orage. Aussi lorsque la caravane se divise en deux fractions, l'une pour le col d'Anterne, l'autre pour le Buet, je me mets du côté de la première. Pendant que l'on se compte, que l'on fait le partage des vivres, brusquement le vent du nord chasse celui du sud et les nuages débandés se mettent en fuite : nous aurons une belle journée. Je reviens sur ma détermination première et mon exemple trouvant des imitateurs, nous allons grossir l'effectif du Buet. On se compte : 74.

Les deux bandes se séparent, le soleil se lève radieux et c'est sous les meilleurs auspices que nous commençons l'ascension des 17,000 mètres qui séparent les Châlets des Fonds du sommet du Buet.

SIXIÈME JOURNÉE

(14 août).

ASCENSION DU BUET. — CHAMOUNIX

La file indienne que nous formons est d'une longueur démesurée, la tête perd de vue sa queue.

Je passerai sous silence les défaillances, les malaises inséparables d'une ascension pénible, après une mauvaise nuit et un repos peu réparateur ; qu'il me suffise de dire que le groupe arverne ne fut pas toujours à l'avant-garde, mais que personne n'est resté en route et que, partis 74, nous sommes arrivés 74 en dépit des pronostics pessimistes de quelques oiseaux de mauvais augure.

Du sommet du mont Buet (3,110 mètres), la vue du Mont-Blanc est moins belle qu'à Pointe-Pelouse, mais le panorama s'élargit. On aperçoit au nord les Alpes bernoises, le Jura ; à l'est les montagnes de Zermatt, le mont Rose, la pyramide penchée du Cervin ; à l'ouest le massif des Alpes dauphinoises. L'ascension n'est pas très-pénible, nullement périlleuse. L'étendue et la beauté de la vue compensent amplement la fatigue.

Près du sommet, déjeuner très-frugal sur des rochers dépouillés de neige. La viande a été en partie gâtée par le temps orageux. L'Eliacin du groupe arverne en est la Providence. Notre jeune compagnon porte en sautoir un litre et demi d'excellent moka préparé par des mains expertes à Samoëns. Cette liqueur fait une agréable et utile diversion au vin et aux alcooliques dont nous sommes saturés. Après un repos d'une heure, à midi et demi, la caravane s'ébranle et commence la descente. Plus de file indienne : on descend à volonté. Les pentes de neige permettent des glissades d'une rapidité vertigineuse. Les forts opèrent classiquement sur les pieds ; le corps raidi et penché en arrière ils s'appuient sur le bâton ou le piolet et s'en servent comme d'un frein pour modérer leur allure. Les novices, et j'en suis, usant d'un procédé plus simple, plus primitif, mais qui a de déplorables conséquences pour les fonds de culotte : s'asseyant dans la neige ils se laissent glisser sur la partie la plus charnue de leur individu en usant des bras comme d'un balancier et des coudes comme d'un frein. On se passionne volontiers pour ce mode rapide et facile de locomotion ; mais quelles tristes constatations on est obligé de faire à l'arrivée. Mon pantalon a gardé piteusement pendant tout le voyage les traces irréparables des glissades sur les névés.

Entre deux de ces glissades je rencontre un collègue qui avait dû recourir à la Faculté au sommet du Buet; des ménagements à la descente, le repos pour le lendemain lui avaient été prescrits. Il est à l'avant-garde. Je le félicite sur la façon élastique dont il met à profit les conseils du docteur. A 500 mètres plus bas on me hèle pour me dire que quelqu'un vient de se démettre l'épaule. La pensée me vient immédiatement qu'Esculape a dû châtier le malade indocile. Ne pouvant me rendre auprès du blessé, je lui dépêche mon guide et donne rendez-vous au châlet de Pierre à Bérard, peu éloigné fort heureusement.

Je ne m'étais point trompé : on amène le blessé et je reconnais le malade deux fois coupable de rupture d'ordonnance. Je ne puis m'empêcher de le gronder tout d'abord, puis, mettant à profit le concours de deux collègues charitables, je lui réduis une luxation de l'épaule sur un des bois de lit du châlet.

Cette besogne à peine terminée, survient un autre blessé qui s'est fendu le pouce : nouveau pansement.

Je reprends enfin ma liberté et nous descendons vers Chamounix. L'Aiguille verte se dresse tout à coup devant nous au sortir d'une gorge. Elle nous apparaît radieuse des rayons du soleil couchant. Un peu plus loin nous sommes sur la route, une vraie route. Sans se donner le mot, instinctivement on se met sur quatre rangs, guides en tête, et c'est dans ce bel ordre que la troupe gagne les Montets. Des voitures nous y attendent : elles sont les bienvenues. Avant le départ les estomacs, rendus exigeants par deux journées de froide et maigre chair, vont se réjouir auprès d'une soupe grasse qui disparaît comme par enchantement.

En vue de Chamounix, pour sauvegarder la dignité du Club, les 74 ascensionnistes descendent de voiture, se mettent de nouveau sur quatre rangs, le bâton au bras, et avec une crânerie toute militaire, ils font leur entrée sous les arcs de triomphe. On s'arrête à l'hôtel du Mont-Blanc et, selon l'usage, nous trinquons avec les guides ; le moût nous semble un délicieux apéritif. Il est sept heures. Chacun gagne son hôtel et je laisse à penser si l'on fait honneur au dîner.

Je m'aperçois que ma prose prend une allure pantagruélique qui pourrait prêter à la critique et faire sourire certaines personnes qui, semblables aux femmes savantes, méprisent profondément le corporel. Honni soit qui mal y pense : Banquets assaisonnés de toasts et repas frugaux épicés par les aiguillons de la faim, les uns et les autres, je le soutiens, ont leur utilité morale et physiologique. Les jouissances de l'estomac sont de celles que nous gagnons à la sueur de notre front et, comme tout salaire, elles méritent le respect.

Que les rigoristes réservent leurs plaisanteries pour les banqueteurs de profession qui vivent pour manger ; mais qu'ils nous laissent manger pour vivre et réparer nos forces.

L'alpiniste qu'il ne s'essouffle pas, le vrai, est sobre : il apprend à commander à son appétit et à se contenter de peu quand l'automne demande beaucoup. C'est qu'en marche il faut compter avec un poumon et ses jambes, et la nourriture pèse lourdement sur la respiration et les jarrets.

Quant aux banquets, j'y convie ceux qui n'y ont jamais assisté. Je me souviens d'avoir surpris des larmes dans les yeux d'un détracteur des toasts. Il reconnaissait tacitement par cet aveu que ces réunions donnent les jouissances du cœur aussi bien que celles du ventre. Les toasts grisent comme le champagne. Ils portent au cœur comme le moût porte à la tête. Ils provoquent cette ébriété noble et élevée que l'on nomme l'enthousiasme.

SEPTIÈME JOURNÉE

(15 août).

LE MONTANVERT. — LA MER DE GLACE.

À 7 heures, heure tardive pour des alpinistes, nous prenons chacun de notre côté la route du Montanvert. Les dames qui nous accompagnent, en nombre, sont à mulet ; les plus intrépides marchent à pied en s'aidant du bâton.

À 10 heures nous arrivons au Montanvert, port principal de la mer de glace. On y monte par un chemin en lacet qui traverse des bois de sapins. Le temps est maussade ; les nuages couvrent le soleil, la bise souffle froidement. Aussi c'est très-rapidement que l'on expédie un déjeuner copieux mais servi en plein air. On échangerait volontiers le luxe du service et la moitié des mets pour une salle chauffée. Le café à peine avalé nous quittons la table pour traverser la classique mer de glace.

La mer de glace serait entièrement belle si elle n'était pas si fréquentée ; on lui fait sa toilette, on l'entretient comme une promenade. Elle a ses cantonniers! Il ne lui manque qu'un gardien l'épée au côté. Je m'imagine volontiers que j'ai visité un décor du théâtre de Jules Verne au moment où le balayeur me tend la main pour recevoir un pourboire.

Le Mauvais-Pas que nous rencontrons plus loin me rappelle surtout une mauvaise digestion. C'est un sentier taillé dans le rocher et surplombant le glacier. Là encore la nature porte trop l'empreinte de la main de l'homme. Une rampe en fer solidement scellée au rocher enlève au passage tout le piquant qu'il pourrait avoir.

On s'arrête quelques instants pour prendre des rafraîchissements à l'auberge du Chapeau, ainsi nommée probablement parce que quelque couvre-chef mal assujetti y aura été enlevé à son propriétaire par un coup de vent. Puis l'on redescend vers Chamounix : cette descente me remet en mémoire le seul pénible souvenir de mon voyage dans les Alpes. J'ai dit précédemment que le déjeuner du Montanvert était servi en plein air par une bise glaciale sans l'ombre d'un abri. Je m'étais hâté de satisfaire mon appétit pour échapper plus vite au froid ; mon estomac, à la descente, protesta contre cette manière cavalière de remplir mes devoirs à son égard : il refusa d'expédier à destination le déjeuner qui s'était introduit sans faire antichambre.

Je fus obligé de me coucher sur le gazon pendant une grande heure pour laisser au rebelle le temps de calmer sa mauvaise humeur. La file interminable et intermittente des collègues défilait devant moi et beaucoup de s'arrêter pour questionner, plaindre le malade, lui offrir même une consultation. Après avoir réédité une cinquantaine de fois l'histoire du déjeuner, la place n'était plus tenable. Je pris le bras d'un Arverne charitable revenu pour me chercher et je rejoignis la route de Chamounix où les voitures nous attendaient. En quelques minutes nous étions de retour.

Il était 4 heures, le banquet, le grand banquet allait commencer. Un banquet pour un estomac en grève n'est point un spécifique. Aussi je gagne ma chambre, je me jette sur un lit et ne tarde pas à trouver dans le sommeil l'oubli de mes tribulations. Quand je m'éveille, le jour baisse; je me sens bien, je saute à bas du lit et pars pour le banquet. J'arrive un peu tard : un de nos camarades, venu pour me chercher, me croise et, tout ému, m'apprend que l'on en est aux toasts, que l'Anglais, malgré et peut-être un peu à cause de son accent, a été étourdissant de verve, de sentiment et d'esprit. Je presse le pas afin de déguster au moins les derniers toasts, seul mets que je puisse absorber sans inconvénients.

J'entends le président de la section de Florence qui plaisante sérieusement sur ses cheveux blancs : « Je suis vieux, dit-il, vous me croyez vieux, Messieurs ; hé bien non, moi je sens en dedans de moi-même que je ne suis pas vieux ; je me sens encore le courage d'escalader les hauts sommets et je vous convie à me suivre. »

A la bonne heure ! voilà ce qui s'appelle parler et prêcher d'exemple. Le nestor du groupe arverne qui invoque souvent ses quarante-trois printemps devient rouge à faire pâlir un homard. Je regrette de ne pouvoir vous narrer tous les speechs, mais, fidèle historiographe, je m'efforce de ne raconter que ce que j'ai vu ou entendu. Le banquet de Chamounix constitue une lacune dans mon récit ; plaignez-moi et n'accusez que mon estomac.

HUITIÈME JOURNÉE

(16 août).

LE GLACIER D'ARGENTIÈRES.

Le temps, brumeux et froid la veille, est tout à fait menaçant ce matin. Pluie pour les paresseux à Chamounix, neige pour les audacieux au glacier d'Argentières, tel est le dilemme qui se pose certainement. Je suis pour la neige.

On part en voiture à six heures pour Argentières. Arrivés au pied du glacier nous prenons le chemin de Lognan qui longe la Moraine. Nous sommes assez nombreux, une cinquantaine. Après trois heures de montée, arrivée au Pavillon de Lognan. Le brouillard et une pluie fine nous enveloppent. Plus heureux qu'au Montanvert, nous trouvons à déjeuner à l'abri. On est bien un peu entassé ; il y a bien aussi quelques infortunés retardataires qui comptent les clous de la porte en essayant de l'ouvrir ; dedans on étouffe. Impossible de donner de l'air par les fenêtres : elles regardent la bise ; la porte est obstruée. La nécessité rend ingénieux ; on enlève la porte qui devient un abri pour les malheureux du dehors pendant que les heureux du dedans peuvent respirer. La vue de l'infortune rendant compatissant, chacun se serre davantage et tout le monde est bientôt à l'intérieur.

Le mauvais temps dégénère quelquefois en mauvaise humeur. Une discussion s'élève : un monsieur refuse de payer une modique somme pour les guides. Je vois l'instant où nous allons renouveler les désordres du camp d'Adragant. Je cours au fâcheux, j'essaie d'éteindre le feu.

Pour cela on apporte une bouteille de champagne et j'invite à noyer des dissentiments regrettables. Honteux et confus, notre homme disparaît. Nous buvons quand même à sa santé, car le coupable a une excuse : il subit les influences d'un mauvais estomac.

Après déjeuner, le temps, loin de s'embellir, devient plus brumeux. Néanmoins nous partons pour remonter et traverser le glacier. On s'attache à la corde et nous voilà enjambant les crevasses et mesurant des yeux leur profondeur. Après une heure de marche le brouillard et la pluie deviennent de la neige : on ne voit plus devant soi ; force est de revenir sur ses pas. L'un de nous laisse tomber son chapeau, le vent l'entraîne sur le bord d'une crevasse où il disparaît. Bien qu'en retraite, nous voulons revenir avec les honneurs de la guerre, armes et bagages. Un guide taille des pas et descend au fond de la crevasse. Il atteint le chapeau et le remonte. Cette simple opération a exigé près d'un quart d'heure. La neige redouble : nous précipitons le pas. Bientôt nous sortons du glacier mouillés mais satisfaits d'avoir contemplé la glace avec un cadre de neige.

Nous reprenons le chemin d'Argentières ; excités par le froid nous descendons à pas de géant. La neige se change en pluie à la descente. A Argentières elle tombe assez abondamment pour nous obliger à nous réfugier dans une écurie en attendant les voitures. Elles arrivent, on s'entasse, on s'enveloppe et à cinq heures on est de retour à Chamounix.

Les rangs de l'Alpinisme se sont éclaircis pendant notre absence. Beaucoup de nos collègues ont déjà quitté Chamounix. Les débris de la réunion se rassemblent pour partager un dernier repas et se dire au revoir, à l'année prochaine. L'entrain n'est plus le même, chacun est préoccupé du départ et des inquiétudes que donne le mauvais temps. Les Arvernes n'échappent pas à la loi commune ; leur groupe va se trouver réduit. Un membre est parti le matin, un autre nous fait ses adieux. Le reste de la bande est déterminé à continuer le voyage ou mieux à en entreprendre un second qui aura pour objectif Zermatt ou le Simplon avec rendez-vous au lac Majeur.

Ici se termine ma tâche officielle, mes chers collègues. Je voudrais avoir le temps de vous conter notre second voyage alpestre peut-être plus intéressant que le premier. Qu'il vous suffise de savoir qu'il a été exécuté par Viallefond, Teyssot et votre serviteur. Que bien entraînés par nos premières excursions, absolument rompus à la fatigue et éprouvés au danger, nous avons pu entreprendre des excursions longues et pénibles.

Voici d'ailleurs l'itinéraire et l'horaire de ce dernier voyage favorisé par un temps aussi merveilleux qu'inespéré.

PREMIÈRE JOURNÉE.

De Chamounix à Martigny par la Tête-Noire, en voiture, 8 heures.

DEUXIÈME JOURNÉE.

De Martigny à Wiège, en chemin de fer, trois heures. De Wiège à Zermatt à pied, neuf heures : total douze heures.

TROISIÈME JOURNÉE.

De Zermatt au col de Saint-Théodule (3,322 mètres), six heures à pied. Coucher à la cabane.

QUATRIÈME JOURNÉE.

Ascension du Breithorn (4,171 mètres), trois heures et demie. Retour au col de Saint-Théodule, deux heures;

aller à l'hôtel du Riffel (2,569 mètres), trois heures; huit heures à pied.

CINQUIÈME JOURNÉE.

De l'hôtel du Riffel au col de Roffel (3,612 mètres), sept heures. Descente à Macugnaga, six heures. De Macugnaga à Ceppo-Moreli, trois heures; le tout à pied, seize heures.

SIXIÈME JOURNÉE.

De Ceppo-Moreli à Palanza, en voiture, six heures. De Palanza à Arona, en bateau, trois heures. D'Arona à Novare, en chemin de fer, trois heures. Total : douze heures.

SEPTIÈME JOURNÉE.

De Novare à Lyon, en chemin de fer, dix-sept heures.

HUITIÈME JOURNÉE.

De Lyon à Clermont, sept heures.

Ce qui constitue la somme respectable de quatre-vingt-six heures de route effective en dix jours, en moyenne neuf heures par jour. Nous ne saurions être taxés de paresse et nous ne craignons guère d'être dépassés pour la célérité.

En somme nous avons atteint l'altitude de 4,171 mètres au Breithorn, couché à 3,322 mètres au col de Saint-Théodule, franchi les Alpes à 3,612 mètres par le col de Roffel, descendu à pic les 2,000 mètres qui séparent le col de Roffel de Macugnaga. Il nous reste le souvenir grandiose du glacier du Gorner, le plus vaste de la Suisse, que nous avons parcouru dans ses deux dimensions. Cette véritable mer de glace est encadrée au sud par une chaîne de sommets qui dépassent tous 4,000 mètres. Nous avons contemplé de près le massif du Mont-Rose, rival du Mont-Blanc. Enfin nous avons déjeuné au Riffel-Hôtel en vue du fameux Cervin dont le siège a été, comme celui de Troie, continué pendant dix années par le plus illustre des alpinistes, Wimper.

Nous sommes revenus frais et dispos, enchantés mais non rassasiés, car on ne dit pas adieu aux Alpes quand on les a foulées. Pour mon compte j'ai éprouvé un sentiment de confusion à la vue des merveilles alpestres. Je me suis trouvé honteux d'avoir attendu si longtemps pour faire ce merveilleux voyage et je ne me sens véritablement digne du nom d'alpiniste que depuis notre retour. Aussi je vous convie tous à nous imiter d'abord, à nous suivre quand nous y retournerons.

Mais surtout, si vous voulez faire un beau voyage, ne négligez pas d'en étudier longuement et soigneusement l'itinéraire longtemps à l'avance. Mettez à contribution les collègues qui vous ont devancés et cherchez à les dépasser. Les bons conseils ne nous ont pas manqué. MM. Lenoir, Pestel et Vimont ont bien voulu nous faire part de leur expérience et nous en avons largement profité; à Genève, les membres du Club Alpin genevois ont répondu à nos questions avec une parfaite bonne grâce. Et ne croyez pas qu'il suffise d'étudier un itinéraire, il en faut plusieurs. Le temps, les convenances de l'année peuvent vous faire préférer telle route à telle autre, les glaciers ne sont pas toujours semblables à eux-mêmes; dans les étés pluvieux ils sont neigeux et plus aisés à parcourir à cause des ponts de neige qui recouvrent les crevasses; choisissez donc pour vos débuts un été pluvieux en vous arrangeant, comme nous, de manière à avoir le beau temps.

En même temps ne négligez pas de vous entraîner par

des marches progressives, répétées pendant un mois, deux fois par semaine, et ayant toujours pour but une ascension. Vos dernières courses seront faites le sac au dos : ce n'est pas que l'on ait beaucoup à le porter, mais qui peut le plus peut le moins. Nos montagnes d'Auvergne sont aux Alpes ce que l'enseignement secondaire est à l'enseignement supérieur. Nous sommes donc merveilleusement placés pour aborder d'emblée un beau voyage alpestre.

Permettez-moi, avant d'en finir, de résumer sous une forme laconique les précautions que doit prendre le touriste avant de partir le sac au dos.

Avoir devant soi quinze jours, c'est ce qu'il nous a suffi. Bonnes chaussures à talons bas et larges, semelles épaisses et débordantes, forme brodequin napolitain. Les assouplir par la marche. Les graisser soigneusement avec de la vaseline. Chaussettes de laine de préférence, pour les glaciers surtout. Les graisser avec un mélange de cire et de vaseline (camphorées) avant d'introduire le pied dans le brodequin. Éviter soigneusement le moindre pli. La chaussure et les pieds doivent être la préoccupation capitale et constante du marcheur; si l'on pèche par là le voyage est interrompu ou dégénère en supplice.

Vêtement de flanelle forme blouse; guêtres semblables; le tout neuf et solidement établi avec force poches. Chemise de flanelle, chapeau de feutre mou foncé, à larges bords.

Sac système Whith, modèle Lafontaine ou modèle italien; le garnir avec quelques paires de chaussettes, une chemise de flanelle, des mouchoirs, des pantoufles, un plaid alpin, un caoutchouc très-léger de Torilhon, forme pèlerine.

Des lunettes bleues, des gants de laine, un fort bâton de montagne, solide mais léger, une gourde, des jumelles complètent l'approvisionnement d'un touriste. Une petite fiole plate de bon cognac, quelques morceaux de sucre, du chocolat, une croûte de pain doivent être constamment dans un coin du sac facile à atteindre.

Les objets de toilette seront réduits à la plus simple expression. Le savon en feuilles rend des services.

Le tout ne pèsera pas plus de seize livres et, pour ne pas dépasser ce chiffre, il est nécessaire de peser et repeser chaque objet et de ne procéder à l'aménagement du sac que la balance à la main.

Ceci dit, ceux d'entre vous qui ne connaissent pas les Alpes, n'auront plus aucune excuse s'ils n'entreprennent pas ce voyage. C'est que je voudrais que tout Français, et à plus forte raison tout alpiniste, se considérât comme moralement obligé à un pèlerinage alpestre. On parle beaucoup de régénération et de relèvement ; c'est en Suisse que vous verrez comment une nation conserve sa virilité. Tous les chemins, tous les hôtels y sont envahis par des Anglais qui, sans distinction d'âge, de sexe, de condition, portent le sac, trempent énergie et volonté, développent muscles et poumons en escaladant à l'envi les cimes les plus inaccessibles. Leur passion de l'alpinisme va jusqu'au stoïcisme en ce qui concerne le mépris de la mort. Je n'en demande pas autant des Français ; mais entre nos préjugés craintifs et la témérité anglaise il y a un juste milieu qui est la vertu. En France on frémit en pensant que vous avez risqué vos os ; en Angleterre on meurt d'envie de vous imiter et l'on est désolé de n'avoir pas été à vos côtés à l'heure périlleuse.

Nous sommes ici entre alpinistes ; eh bien, n'est-ce pas à nous qu'il incombe de prendre l'initiative et de donner l'exemple ? La contagion fera le reste. Dans les Alpes vous trouverez les grands spectacles de la nature, les fortes et saines émotions, la santé du corps, la vigueur de l'esprit ; vous rapporterez une ample moisson de souvenirs ; vous aurez vu le peuple le plus libre, le plus hospitalier, le plus généreux et le plus sagement heureux qui soit au monde ;

et, quand on vous verra passer, le teint noirci, les vêtements usés, on ne se demandera plus à quoi peut servir l'Alpinisme, on comprendra que, comme la gymnastique, comme l'armée il trempe des hommes pour défendre virilement un jour notre chère France.

Clermont-Ferrand, 4 octobre 1883.

Dr CLEMENT.

Clermont-Ferrand, imp. Mont-Louis.

www.ingramcontent.com/pod-product-compliance
Lightning Source LLC
Chambersburg PA
CBHW061008050426
42453CB00009B/1317